LES LIEUX HANTÉS!

LES PRISONS HANTÉES

Un livre de la collection
Les branches de Crabtree

THOMAS KINGSLEY TROUPE

Crabtree Publishing
crabtreebooks.com

Soutien de l'école à la maison pour les parents, les gardiens et les enseignants

Ce livre très intéressant est conçu pour motiver les élèves en difficulté d'apprentissage grâce à des sujets captivants, tout en améliorant leur fluidité, leur vocabulaire et leur intérêt pour la lecture. Voici quelques questions et activités pour aider le lecteur ou la lectrice à développer ses capacités de compréhension.

Avant la lecture

- *De quoi ce livre parle-t-il?*
- *Qu'est-ce que je sais sur ce sujet?*
- *Qu'est-ce que je veux apprendre sur ce sujet?*
- *Pourquoi je lis ce livre?*

Pendant la lecture

- *Je me demande pourquoi...*
- *Je suis curieux de savoir...*
- *En quoi est-ce semblable à quelque chose que je sais déjà?*
- *Qu'est-ce que j'ai appris jusqu'à présent?*

Après la lecture

- *Qu'est-ce que l'auteur veut m'apprendre?*
- *Nomme quelques détails.*
- *Comment les photographies et les légendes m'aident-elles à mieux comprendre?*
- *Lis le livre à nouveau et cherche les mots de vocabulaire.*
- *Ai-je d'autres questions?*

Activités complémentaires

- *Quelle est ta section préférée de ce livre? Rédige un paragraphe à ce sujet.*
- *Fais un dessin représentant l'information que tu as préférée dans ce livre.*

TABLE DES MATIÈRES

Des cellules mortes

Tu marches dans le corridor, tu ne vois presque rien devant toi. Les cellules de chaque côté sont vides et abandonnées. Quelque part au loin, tu entends des pas qui frottent le sol. Une ombre bouge entre les barreaux près de toi. Une sensation glaciale te traverse alors que tu réalises que tu n'es pas seul. Cette vieille prison est-elle aussi hantée qu'on le dit?

Plusieurs croient que les fantômes peuvent hanter tous les lieux imaginables. Les prisons et les pénitenciers sont des endroits où les criminels sont enfermés. Peut-être que certains prisonniers sont condamnés à l'emprisonnement à vie... et même dans l'au-delà.

Attrape ta lampe de poche et prends une grande inspiration. Tu es sur le point de découvrir pourquoi ces prisons figurent parmi... LES LIEUX HANTÉS.

FAIT EFFRAYANT

Il y a plus de 10 millions de personnes en prison dans le monde.

LA MAISON DE CORRECTION OHIO STATE

La façade de la maison de correction Ohio State de Mansfield en Ohio ne ressemble pas à une prison. Elle ressemble à un château fantaisiste. Construite en 1896, la prison a fermé ses portes en 1990.

Un garçon de 14 ans est mort dans le sous-sol de la prison. Son ombre apparaît souvent sur les murs. Un autre fantôme plus **sinistre** apparaît aussi à cet endroit : le gardien qui l'a assassiné.

La maison de correction Ohio State a été utilisée comme lieu de tournage de plusieurs films d'Hollywood. Le film le plus connu est *The Shawshank Redemption* (*À l'ombre de Shawshank* en français), inspiré d'une nouvelle écrite par l'écrivain d'épouvante populaire Stephen King.

LE PÉNITENCIER MOUNDSVILLE STATE

Connu comme l'une des prisons les plus violentes aux États-Unis, le **pénitencier** Moundsville State a été construit pendant la guerre de Sécession. Des meurtres, des **émeutes** et des pendaisons ont eu lieu dans ce bâtiment.

Après des décennies de surpeuplement et de conditions de vie **cruelles**, la prison a fermé ses portes en 1995. Des enquêteurs du paranormal ont entendu des voix dans les blocs cellulaires sombres et silencieux. On peut entendre des pas quand personne ne marche.

Il n'est pas étonnant que Moundsville soit hanté. Près d'un millier de prisonniers y sont morts ou y ont été exécutés pendant la sombre histoire de la prison. Pour rendre les choses encore plus effrayantes, la rumeur veut que l'établissement ait été construit sur un ancien cimetière autochtone. Les tombes ont probablement été dérangées quand la construction a commencé.

En 1951, l'électrocution est devenue le mode d'exécution privilégié à Moundsville. Parmi les 94 hommes **exécutés**, 9 ont été électrocutés dans la chaise électrique surnommée « Old Sparky ». La Virginie-Occidentale a complètement interdit les exécutions en 1965. Old Sparky est exposée à la prison.

LAWANG SEWU EN INDONÉSIE

Lawang Sewu a été construite à l'origine pour servir de siège social à la compagnie ferroviaire des Indes néerlandaises en 1907. Pendant la Seconde Guerre mondiale, les Japonais ont envahi l'Indonésie et ont transformé Lawang Sewu en prison. De nombreux prisonniers y ont été exécutés.

Des visiteurs du lieu historique ont vu des fantômes sans tête errant dans les couloirs. Des photos révèlent parfois des silhouettes inexpliquées en arrière-plan.

FAIT EFFRAYANT

On croit qu'une femme décédée sur place hante aussi le bâtiment. Certains croient que son image fantomatique a été captée lors d'une émission de télévision indonésienne tournée à Lawang Sewu.

LE PÉNITENCIER EASTERN STATE

Sur la très achalandée Fremont Avenue à Philadelphie se trouve un bâtiment délabré qui ne semble pas à sa place. Il ressemble à un château sinistre et menaçant avec ses tours et ses hauts murs. Ce bâtiment, c'est le pénitencier Eastern State, qui a ouvert ses portes en 1829.

La prison utilisait des méthodes cruelles pour discipliner les prisonniers. Les détenus étaient laissés seuls dans de minuscules cellules sombres.

Plusieurs criminels notoires ont purgé une peine au pénitencier Eastern State, dont le célèbre chef de la **mafia** Al Capone. Il a été capturé à l'extérieur d'un cinéma en possession d'une arme à feu non enregistrée. Son séjour à Eastern State était sa première visite en prison. Grâce à sa puissance et à son **influence**, sa cellule n'était pas comme les autres. Elle contenait des meubles raffinés, des tapis, des œuvres d'art et une radio.

Au fil du temps, les méthodes de discipline d'Eastern State ont cessé. Il y avait trop de prisonniers dans l'établissement et il a été fermé en 1971.

Cette prison est considérée comme l'un des lieux les plus hantés aux États-Unis. Des visiteurs du lieu historique ont entendu des voix et des rires. Des silhouettes et des visages fantomatiques apparaissent sur les murs. Plusieurs ont aperçu la forme d'un gardien dans l'une des tours.

FAIT EFFRAYANT

Eastern State a été conçue pour accueillir 300 prisonniers. Dans les années 1920, ils ont été forcés d'y enfermer environ 2 000 détenus!

LA PRISON TIHAR EN INDE

La prison Tihar en Inde est le plus grand complexe pénitentiaire du pays. Elle couvre une superficie de plus de 400 acres (162 hectares) et environ 16 000 prisonniers y sont incarcérés. Contrairement aux autres prisons mentionnées dans ce livre, la prison Tihar est encore ouverte!

Certains détenus prétendent que la prison est hantée. Ils ont entendu des gémissements fantomatiques au milieu de la nuit. D'autres ont été mystérieusement frappés et certains prisonniers ont vu les fantômes d'anciens criminels qui ont été pendus.

LA PRISON OLD BEECHWORTH EN AUSTRALIE

La prison Old Beechworth est située à Beechworth à Victoria, en Australie. Construite en 1864, la prison a été ouverte pendant 140 ans et plusieurs criminels et meurtriers **notoires** y ont été incarcérés.

L'un des prisonniers les plus célèbres est Ned Kelly, qui était un hors-la-loi et un chef de bande. Il a purgé une peine à Beechworth pour le meurtre de trois agents de police.

Ned Kelly

Beechworth a fermé ses portes en 2004. Un an plus tard, le bâtiment a été rouvert comme site historique et pour des visites fantômes.

Des visiteurs ont déclaré avoir entendu des voix dans le noir quand personne dans le groupe ne parlait. D'autres ont vu des silhouettes mystérieuses qui semblaient les regarder de loin. On raconte aussi que les lumières s'allument et s'éteignent toutes seules.

FAIT EFFRAYANT

À la fin des années 1800, huit hommes ont été condamnés à mort pour meurtre. Ils ont été pendus à l'extérieur de la prison.

LA PRISON BODMIN AU ROYAUME-UNI

La prison Bodmin a été construite en 1778 à Cornwall en Grande-Bretagne. Il s'agit de la première prison où les prisonniers avaient leur propre cellule.

Certains prétendent que Selina Wadge, qui a été pendue pour avoir jeté son bébé dans un puits, hante la prison. De jeunes visiteurs à la prison ont vu une femme fantomatique portant une longue robe pleurer dans une cellule.

Un mannequin est utilisé pour représenter un prisonnier recevant les derniers sacrements avant son exécution.

FAIT EFFRAYANT

La prison Bodmin a organisé des pendaisons publiques extérieures jusqu'en 1862. Les pendaisons étaient très populaires et de nombreuses personnes venaient les regarder. Après 1862, les pendaisons avaient lieu à l'intérieur.

LA PRISON D'ALCATRAZ À SAN FRANCISCO

L'une des prisons les plus célèbres au monde a sa propre île... c'est vrai! Au large de la côte de San Francisco en Californie se trouve l'île d'Alcatraz, où réside le pénitencier fédéral d'Alcatraz.

La prison a ouvert ses portes en 1934 et a été construite près d'une ancienne prison militaire qui s'élève encore aujourd'hui. Alcatraz était considérée comme l'endroit où envoyer les prisonniers qui étaient trop dangereux pour les autres prisons.

Contrairement à plusieurs autres prisons hantées, Alcatraz a été en exploitation pendant un peu moins que 30 ans. Elle a fermé ses portes en 1963 et est plus tard devenue une attraction **touristique**.

Des gens affirment entendre des pleurs et des gémissements fantomatiques dans les blocs cellulaires A, B et C. D'autres ont juré avoir entendu jouer du banjo dans les douches vides. Des autochtones fantomatiques tués pendant la guerre de Sécession apparaissent parfois et chuchotent aux vivants.

L'endroit le plus hanté d'Alcatraz est le bloc D. La cellule 14-D, aussi appelée « le trou », est un lieu où les prisonniers difficiles étaient gardés en guise de châtiment. La cellule est toujours froide, même pendant les chaudes journées d'été. Des visiteurs ont mentionné avoir senti une présence intense soudaine dans le secteur.

CONCLUSION

Les fantômes emprisonnés dans ces prisons y sont-ils condamnés pour l'éternité? Ce qu'une personne voit, une autre peut l'expliquer.

C'est à toi de te faire ta propre idée. Si tu entends ou vois quelque chose d'effrayant, décris le phénomène par écrit ou prend une image. La preuve que tu découvriras pourrait nous aider à comprendre... LES LIEUX HANTÉS.

GLOSSAIRE

cruelles (kruel) : Traitement féroce, de manière à faire souffrir

émeutes (é-meut) : Violence et désordre publics

exécutés (ek-zé-ku-té) : Être mis à mort à la suite d'un ordre juridique

influence (in-flu-anss) : Pouvoir d'affecter une autre personne

mafia (ma-fi-a) : Un groupe criminel organisé qui tire des profits d'activités illégales

notoires (no-toir) : Bien connu pour de mauvaises caractéristiques

pénitencier (pé-ni-tan-ssié) : Établissement public, ou prison, qui incarcère les prisonniers

sinistre (ssi-nistr) : Comportement erratique et méchant

touristique (tou-riss-tik) : Destiné aux personnes qui visitent d'autres lieux pour le plaisir ou la culture

INDEX

SITES WEB À CONSULTER

https://kids.kiddle.co/Ghost

www.hauntedrooms.co.uk/ghost-stories-kids-scary-childrens

www.ghostsandgravestones.com/how-to-ghost-hunt

À PROPOS DE L'AUTEUR

Thomas Kingsley Troupe

Thomas Kingsley Troupe est l'auteur d'une foule de livres pour enfants. Il a écrit au sujet des fantômes, du Sasquatch, des loups-garous et même un livre sur la saleté. Quand il ne s'affaire pas à écrire ou à lire, il enquête sur des phénomènes paranormaux avec la Twin Cities Paranormal Society. Il habite à Woodbury au Minnesota avec ses deux fils.

Les images et les photos présentant des « fantômes » dans ce livre sont des représentations artistiques. L'éditeur ne prétend pas qu'il s'agit d'images et de photos réelles des fantômes mentionnés dans ce livre.

Crabtree Publishing

crabtreebooks.com 800-387-7650

Au Canada : Nous reconnaissons l'appui financier du gouvernement du Canada par l'entremise du Fonds du livre du Canada pour nos activités de publication.

Catalogage avant publication de Bibliothèque et Archives Canada

Titre: Les prisons hantées / Thomas Kingsley Troupe.
Autres titres: Haunted prisons. Français.
Noms: Troupe, Thomas Kingsley, auteur.
Description: Mention de collection: Les lieux hantés! | Les branches de Crabtree | Traduction de : Haunted prisons. | Traduction : Annie Evearts. | Comprend un index.
Identifiants: Canadiana (livre imprimé) 20210356081 | Canadiana (livre numérique) 20210356103 | ISBN 9781039603738 (couverture souple) | ISBN 9781039603790 (HTML) | ISBN 9781039603851 (EPUB)
Vedettes-matière: RVM: Prisons hantées—Ouvrages pour la jeunesse. | RVM: Fantômes—Ouvrages pour la jeunesse. | RVMGF: Documents pour la jeunesse.
Classification: LCC BF1477.3 .T7614 2022 | CDD j133.1/22—dc23

Imprimé au Canada/022024/CP20240215

Publié au Canada
Crabtree Publishing
616 Welland Ave.
St. Catharines, Ontario
L2M 5V6

Publié aux États-Unis
Crabtree Publishing
347 Fifth Avenue
Suite 1402-145
New York, NY, 10016

Paperback	978-1-0396-0373-8
Ebook (pdf)	978-1-0396-0379-0
Epub	978-1-0396-0385-1
Read-along	978-1-0398-0499-9
Audio book	978-1-0396-6778-5

Production : Blue Door Education pour Crabtree Publishing
Auteur : Thomas Kingsley Troupe
Conception : Jennifer Dydyk
Révision : Kelli Hicks
Correctrice : Crystal Sikkens
Traduction : Annie Evearts

Photos de la couverture : cellules de prison © Freaktography, prisonnier © FOTOKITA, (crâne sur la couverture et dans le livre) © Fer Gregory, p. 4-5 (bordure effrayante et dans le livre) © Dmitry Natashin, p. 4 © Chingfoto, p. 5 (ombre de mains) © sakhorn, p. 6 © Sandra Foyt, p. 7 © Shanelb, p. 8-9 © Steve Heap, p. 10 © Raeann Davies, p. 12 © Andreas H, p. 14 © Inspired By Maps, p. 15 (haut) © MISHELLA, (bas) © agel Photography, p. 16 © MISHELLA, p. 17 © Chang Lee, p. 18 © mrinalpal, p. 19 © kittirat roekburi, p. 21 © Nils Versemann, p. 22 © Référence éditoriale : Paolo Trovo / Shutterstock.com, p. 23 (haut) © Paolo Trovo, (bas) © RogerMechan, p. 24 © f11photo, p. 26 © Lerner Vadim, p. 28 © Tunatura, p. 29 © Paul W. Faust. Toutes les images proviennent de Shutterstock.com sauf photos p. 9 et 11 rendues publiques par leur auteur, VitaleBaby at the Wikipedia project, p. 13 (photo du sous-sol) © Crisco 1492 https://creativecom-mons.org/licenses/by-sa/3.0/deed.en, p. 20 © image publique, p. 25 © Steffen https:// creativecommons.org/licenses/by/3.0/deed.en, p. 27 © bennymarty/istockphoto.com